AF358962

LA
SOCIÉTÉ KHÉDIVIALE

DE

GÉOGRAPHIE

Le Caire. — Imp. Française MOURÈS et Cie.

LA

SOCIÉTÉ KHÉDIVIALE

DE

GÉOGRAPHIE

NOTICE

LE CAIRE

SECRÉTARIAT DE LA SOCIÉTÉ KHÉDIVIALE DE GÉOGRAPHIE

1883.

LA SOCIÉTÉ KHÉDIVIALE DE GÉOGRAPHIE

C'est par un Décret de Son Altesse Ismaïl Pacha, Khédive d'Egypte, portant la date du 19 mai 1875, qu'a été fondée la Société Khédiviale de Géographie du Caire.

L'intérêt immense que le monde entier attachait aux questions africaines ; le passage continuel par le Caire de savants et d'explorateurs se rendant dans les lointaines contrées du « continent mystérieux » ou en revenant ; les expéditions scientifiques et géographiques de l'Etat-Major Egyptien au Soudan; la conquête et l'annexion des vastes provinces occidentales et de celles de l'Equateur ; la position spéciale de l'Egypte, appelée, à juste titre, « la plus grande porte de l'Afrique » et dont la destinée est de servir de grande route pour le passage de la civilisation dans cette partie du globe, telles furent les considérations qui inspirèrent à ce Prince éclairé l'idée de fonder cette institution dans sa Capitale. Dans sa pensée, elle devait servir en Egypte de centre au mouvement géographique, soit en y répandant l'amour des études de la géographie, soit en recueillant les informations et les notices géographiques, soit en favorisant les recherches qui pouvaient contribuer au progrès de la science et au profit du pays.

Considérant— dit le Décret de fondation — *l'utilité qu'il y a pour la science géographique et pour les intérêts industriels et commerciaux de l'Egypte à favoriser les connaissances et l'exploration des contrées de l'Afrique et des pays adjacents... il est institué au Caire une Société de Géographie, qui est autorisée à prendre la dénomination de* SOCIÉTÉ KHÉDIVIALE DE GÉOGRAPHIE (Décret 19 Mai).

La Société est instituée sur l'initiative et sous les auspices de Son Altesse le Khédive d'Egypte (Statuts, Art. I.)

Dans l'Art. 2, le but de la Société est nettement défini et les moyens et la voie à suivre pour atteindre ce but sont tracés.

Le but de la Société est :

a.) *D'étudier la géographie dans toutes ses branches.*

b.) *De mettre en lumière les contrées d'Afrique encore inexplorées ou peu connues.*

Pour arriver à ce but, elle tient des séances et publie un bulletin comprenant ses procès-verbaux, des travaux originaux, ainsi que des relations de voyages accompagnées de cartes, des comptes-rendus et avis bibliographiques, des extraits d'ouvrages et de sa correspondance, enfin tous les documents propres à faire connaître le progrès des sciences géographiques relatives à l'Afrique.

Elle entretient des relations avec toutes les sociétés qui s'intéressent aux mêmes sujets, et correspond avec les voyageurs, les savants géographes et naturalistes ou autres amis de ces sciences.

Elle fait entreprendre et aide par tous les moyens qui sont à sa disposition, les voyages d'exploration en Afrique. Elle favorise en particulier les études relatives aux intérêts industriels et commerciaux de l'Egypte, de ses dépendances et des contrées adjacentes.

L'organisation de la Société eut lieu sur des bases très-simples :

Un BUREAU, dont les membres sont : un Président, deux Vice-Présidents, un Secrétaire Général, deux Vice-Secrétaires, un Bibliothécaire, et un Trésorier (Art. 13, Stat.). Une COMMISSION CENTRALE (Art. 18).

Le Président a la direction des travaux de la Société ; il est chargé en outre d'entretenir les relations avec les sociétés savantes, les voyageurs, géographes et naturalistes des pays étrangers , il reçoit les ouvrages tant imprimés que manuscrits qui sont envoyés à la Société, il en rend compte à la Commission. (Art. 23 Stat.).

Le Secrétaire-Général tient un registre contenant les nom, prénoms et domicile de chacun des membres de la Société, et s'occupe de tout ce qui concerne la rédaction et l'impression des documents scientifiques et administratifs de la Société. Il est secondé et remplacé par les deux vice-secrétaires. (Art. 24 Stat.).

L'archiviste bibliothécaire est chargé du classement et de la conservation de la bibliothèque et des collections de la Société. Il en dresse des inventaires et des catalogues sous la direction du secrétaire général; il date et paraphe les lettres, les paquets et toutes pièces adressées à la Société le jour de leur réception. (Art. 25 Stat.).

La Commission Centrale a tous les pouvoirs nécessaires pour gérer et administrer les biens et les affaires de la Société, accepter dons et legs, sous la sanction de l'autorité supérieure. Elle agit au nom de la Société. (Art. 19 Stat).

Le Président et le Secrétaire sont nommés par Son Altesse le Khédive qui s'est réservé ce droit, comme une marque de son haut patronage (art. 14 et 15 Stat.) Les autres membres du Bureau et de la Commission Centrale sont élus par l'Assemblée Générale de la Société, au scrutin de liste, et pour trois ans (art. 17 et 21, Stat.).

Cependant, dans la pratique et par égard aussi pour les personnes éminentes appelées par la confiance de l'Assemblée à siéger dans la Commission Centrale, la Présidence de la Société n'a jamais tenu compte de la distinction d'attributions fixée par les Statuts et a toujours associé les membres de la Commission Centrale aux travaux de la direction scientifique de la Société.

Toute personne *présentée par deux Membres* peut devenir « MEMBRE ORDINAIRE » si elle *obtient la majorité des suffrages des membres présents à la séance qui suit l'inscription de la candidature* (Stat. art. 7.)

Le titre de « MEMBRE CORRESPONDANT » est conféré à chaque personne habitant hors de l'Egypte *sur sa demande écrite et acceptée par la Commission Centrale.* (Stat. art. 7).

Enfin, la Société, sur proposition de la Commission Centrale peut conférer le titre de « MEMBRE HONORAIRE » aux personnes qui, *postérieurement à la fondation de la Société,* auront *rendu des services éminents à la Géographie de l'Afrique, ou des contrées adjacentes* (Syrie, Arabie). (Stat. art. 8).

En dehors de ces trois catégories de membres il y a celle des MEMBRES FONDATEURS, composée des personnes qui, *se conformant aux désirs de l'Auguste protecteur* se sont déclaré souscripteurs à l'époque de la fondation de la Société. (art. 3 Stat.).

Les ressources de la Société se composent du montant des cotisations payées par les membres, soit une somme de 150 P.E. chacun (39 francs) par an, et du montant de la subvention (100 L.E.), accordée par le Gouvernement (Art. 3, du Décret de fondation et 29 des Statuts.)

Son capital comprend un riche mobilier, une bibliothèque dont le fonds s'augmente de jour en jour, des collections importantes de botanique, géologie et d'ethnographie, et une riche collection de cartes, de vues et de portraits de voyageurs.

Jusqu'à présent, aucune ressource spéciale, aucun legs n'est venu augmenter le capital social.

Lorsque la Société fut fondée, son programme, qui répondait à un besoin universellement ressenti, le prestige de l'Auguste

Fondateur qui avait, en outre, doté la Société de tout le mobilier
et d'un premier fond de bibliothèque composé d'ouvrages de la plus grande valeur , le loyer gratuit accordé également par ce Prince généreux dans un palais qui était sa
propriété personnelle, l'appui du Gouvernement assuré par la
subvention, suscitèrent un véritable enthousiasme dans le pays
et provoquèrent un chaleureux et unanime assentiment.

Près de 350 personnes, parmi lesquelles figuraient les noms
les plus respectés des notabilités indigènes et des colonies étrangères, donnèrent leur adhésion. Le choix d'un Président en la
personne de l'illustre Docteur Schweinfurth, célèbre par ses
voyages dans le centre de l'Afrique: celui du Secrétaire Général,
le vaillant Marquis de Compiègne, dont les voyages en Amérique
et dans l'Ogowé avaient révélé des talents peu communs : le résul-
tat des élections pour le Bureau et pour la Commission Centrale
promettaient le plus brillant avenir à la Société. En effet, les
séances furent alors très-suivies, la Bibliothèque était très-fré-
quentée et les publications prenaient une grande importance.
Des éloges et des encouragements vinrent du dehors de la part
des voyageurs les plus illustres. Les représentants de la science
géographique, les Sociétés et les Institutions scientifiques du
monde entier offrirent d'entrer en relations avec la Société
Khédiviale naissante. Des dons nombreux arrivaient, se com-
posant de livres et de cartes ; les Sociétés de Géographie de
Paris, de Londres, de Vienne firent don de la collection presque
complète de leurs publications. Le Docteur Reil donnait la collection, également presque complète, des célèbres *Mittheilungen*
du Docteur Petermann, et S. M. l'Empereur d'Allemagne
envoya le splendide ouvrage de Lepsius.

Cet horizon qui s'entrouvrait si plein de promesses et
d'espérances devait bientôt s'assombrir. Les mauvais jours arri-

vèrent avant qu'on ait pu les prévoir. La retraite du Président,
la mort malheureuse du Secrétaire Général avaient déjà produit
une impression pénible et excité des susceptibilités personnelles
toujours nuisibles à la marche paisible des travaux d'une société
de cette nature. Mais de plus grands malheurs allaient sur-
venir. L'Egypte entra, alors que personne ne s'y attendait,
dans une de ces crises économiques qui ébranlent tout un pays ;
les affaires furent suspendues, l'argent manqua ; plusieurs
membres de la Société complétement ruinés, et d'autres, durent
abandonner le pays ; le Gouvernement se trouva dans l'impos-
sibilité de payer la subvention. Cette atteinte à ses moyens
vitaux d'existence, épuisa la Société, car, il ne faut pas se
faire d'illusions à cet égard, les sociétés scientifiques, ont,
comme tout le monde, besoin d'argent pour vivre. Les préoc-
cupations graves du moment éloignèrent des travaux les membres même les plus zélés. Les séances devinrent rares, puis,
cessèrent complétement, et les ressources dont on disposait ne
suffirent plus à la publication des matériaux scientifiques qui
avaient été recueillis pour les bulletins de la Société.

Toutefois, pendant cette période désastreuse le courage ne
manqua pas chez tous. Quelques personnes de bonne volonté,
guidées par le Vice-Président, Son Excellence le Général Stone
Pacha, tinrent ferme et résolurent de ne pas laisser disparaitre
la Société. On put, ainsi, et même dans les moments les plus criti-
ques, tenir deux séances, maintenir les rapports avec les sociétés
étrangères et sauver en entier le patrimoine social d'un désastre
dont il était menacé. Il ne faut pas oublier que, durant ces jours
difficiles, la générosité de Son Altesse le Khédive Ismaïl Pacha
vint deux fois au secours de la Société. Il paya une fois de ses
deniers une dette contractée envers l'imprimeur ; une autre
fois Il donna à la Société, qui avait dû abandonner son domicile
primitif, le palais occupé auparavant par les Tribunaux Mixtes.

Avec l'avènement au trône de S. A. le Khédive Mohammed Thewfik parurent des jours plus heureux.

Son Altesse, déjà Président Honoraire de la Société, lui montra un intérêt très-grand, et, afin que les travaux pussent reprendre régulièrement, Elle procéda aussitôt, en vertu des pouvoirs que Lui conféraient les Statuts, à la nomination du Président et du Secrétaire Général dans les personnes de S. E. le Général Stone et de M. le Dr Bonola. Son Excell. Riaz Pacha, alors Ministre de l'Intérieur régularisait, à la suite d'un Rapport détaillé la position financière de la Société. Celle-ci abandonnait toute réclamation pour les arriérés et, comme compensation, le Gouvernement payait ses dettes et faisait les frais de la réparation du local, siège de la Société.

Ainsi commençait pour elle, le 1er Octobre 1879, la nouvelle période d'existence sociale. La Commission Centrale reconstituée, les anciens membres revinrent et de nouvelles inscriptions eurent lieu en grand nombre ; les séances se succédèrent régulièrement, les bulletins furent publiés et tous ces éléments nouveaux promettaient à la Société force et longévité.

Le Congrès de Venise eut lieu. (Septembre 1881). La Société obtint que l'Egypte pût y prendre part et le Gouvernement fournit généreusement les fonds nécessaires. La présence de l'Egypte à ce Congrès, et spécialement à l'Exposition qui l'accompagna, fut accueillie par le monde scientifique avec une très-grande sympathie et le succès fut des plus encourageants. J'ai exposé, dans les Bulletins No 2, IIme Série, l'histoire et les résultats de notre concours.

Mais pendant que les Délégués Egyptiens, qui s'étaient rendus à Venise, prenaient part aux travaux du Congrès, l'Egypte était le théâtre d'évènements qui devaient encore une fois nous causer un sérieux préjudice. La révolte militaire et ensuite le départ forcé des européens démembraient de nouveau la Société.

Une fois l'ordre rétabli dans le pays, les Sociétaires, fermes dans leur idée de maintenir une Institution aussi importante, se groupèrent autour du Président quoique ces tristes événements eussent été cause de bien des pertes, et ils reprirent courageusement leurs travaux.

Deux nouveaux malheurs nous frappèrent pendant l'année courante ; la perte de S. E. le Général Stone Pacha qui abandonna l'Egypte en janvier et l'épidémie qui éclata en juin et absorba tout l'intérêt du public. Le Général dont le savoir et l'expérience avaient été d'un puissant secours au prestige de la Société, fut remplacé par S. E. Ismaïl Pacha Eyoub, Ministre de l'Intérieur, ancien Gouverneur général du Soudan, homme très-compétent dans les questions africaines : l'épidémie a disparu et les esprits sont calmés.

Il faut espérer qu'à présent, après tant de désastres et d'épreuves, arriveront les jours sereins et tranquilles sans lesquels, les conquêtes pacifiques de la science deviennent impossibles.

Cependant, bien que, depuis sa fondation jusqu'à ce moment, la Société ait dû subir tant de traverses, bien que depuis cette époque, il se soit succédé en Egypte tant d'événements douloureux qui détournèrent l'attention du public des intérêts scientifiques, et qu'il y ait eu dans le pays un tel mouvement de personnes, d'intérêts et de choses, qu'on peut dire que les éléments dont notre Société s'était formée et sur laquelle elle s'appuyait se sont plusieurs fois transformés, elle a, et nous pouvons le dire avec orgueil, toujours héroïquement lutté pour ne pas manquer aux promesses et aux espérances qu'elle avait fait naître. Au milieu d'événements de tous genres, d'incidents des plus graves, suspensions forcées des travaux, dispersion des membres, manque de fonds, elle a su tenir ferme, donner d'elle une bonne opinion, affirmer sa propre vitalité et démontrer que, le calme revenu et des ressources proportionnées lui venant en aide, elle pourrait arriver à occuper avec honneur une des premières places dans le rang des Institutions scientifiques et devenir d'une plus grande utilité au pays.

Il suffit, pour s'en rendre compte, de jeter un regard en arrière sur les travaux de la Société, tout en n'oubliant pas quelles causes continuelles de désorganisation l'accompagnèrent dans la marche de sa courte, mais laborieuse carrière.

Avant tout, il y a peu de Sociétés, celles exceptées qui disposent de grands moyens d'action, qui aient eu la chance d'accueillir dans leur sein autant d'illustres voyageurs que la Société Khédiviale de Géographie. Située au milieu de l'ancien continent et à la porte de l'Afrique, elle est continuellement, on peut le dire, une station de passage, et l'influence que la présence momentanée de ces vaillants et courageux champions de la science géographique peut exercer sur la vitalité et l'énergie d'une Société est facile à comprendre.

En effet, des hommes qui avaient fait leurs preuves dans toutes les parties du monde purent être admirés et fêtés dans nos assemblées, ou dans les réunions de la Commission Centrale. Sans parler du Dr Schweinfurth et du Marquis de Compiègne, nous pouvons citer avec orgueil les noms de Stanley de retour du Congo, de Burton de retour du Madian, de Nordenskield et de ses compagnons de la *Vega* qui venaient de découvrir le passage N.-E., de Lesseps qui revenait de Panama ; et puis Long, qui avait visité le Roi M'tesa et parcouru les pays des Makakra. Yunker qui venait de découvrir les sources de l'Uelle. Gessi et Mason qui avaient parcouru et relevé le Lac Albert. Wilson qui avait traversé l'Afrique par Zanzibar, le lac Victoria et le Nil. Gusfeld revenant de ses pérégrinations dans les pays d'Angola. Monseigneur Comboni l'Apôtre des Noirs, le modeste Piaggia qui avait ouvert le passage entre les Niams-Niams, Matteucci et Massari qui se préparaient à la traversée de l'Afrique par le Wadi, le Prince Borghese qui avait visité le Dar-Tama, Cecchi dont les aventures dans le pays de Ghera sont devenues légendaires, Gessi le héros des guerres contre les négriers, le brave Bianchi si vaillant et si modeste, Wissmann qui avait traversé l'Afrique de l'Occident à l'Orient, Rolphs, Brugsh, Abargues, Schuver, Vossion, Zucchinetti et enfin ce groupe vaillant d'officiers et attachés à l'Etat-Major Général Egyptien Purdy, Colston, Prout, Lockett, Mason, Mitchell, Moktar Bey, Sadik Bey etc., dont les reconnaissances et les études ont tant contribué à remplir les vides de la Carte d'Afrique.

Quant à ses séances et à ses bulletins, ce fut le but constant de la Présidence de faire en sorte que les unes autant que les autres ne fussent pas uniquement le résumé du mouvement journalier des études et des évènements géographiques, mais aussi qu'ils pussent offrir toujours, dans la mesure du possible, une sorte de concours original et actif au progrès de la Science. Elle voulait, en somme, apporter sa pierre à l'édifice que les Sociétés sœurs travaillent à élever. Les TABLEAUX, les ORDRES DU JOUR des séances, et les TABLES des matières du Bulletin ci-joints, permettent d'apprécier avec quel soin ce but fut poursuivi.

Un grand nombre des voyageurs que je viens de citer ont pris la parole dans nos séances, ou nous ont envoyé leurs écrits pour nos Bulletins.

Mais l'extension de l'activité scientifique de notre Société ne peut pas être limitée à ces deux objectifs. Il y a dans le programme de ses Statuts qu'elle doit encourager dans le pays les études géographiques, entretenir des relations avec toutes les Sociétés qui s'intéressent aux mêmes sujets, faire entreprendre et aider par tous les moyens qui sont à sa disposition des voyages d'exploration en Afrique, favoriser les études relatives aux intérêts industriels et commerciaux de l'Egypte (art. 2 Stat.) former une bibliothèque et un Musée d'Ethnographie, réunir des collections d'instruments pour servir aux besoins des voyages qu'elle fait entreprendre (art. 32 Stat.) et enfin concourir à l'accomplissement des décisions prises et votées dans les Congrès Internationaux de Géographie.

Les évènements à travers lesquels la Société a dû passer depuis sa fondation ne lui ont pas permis d'exécuter entièrement ce programme ; toutefois elle ne l'a pas perdu de vue et elle a tenté, de toutes les façons d'atteindre au moins en partie, le but proposé.

Pour faire naitre et encourager dans le pays l'amour des études géographiques, la Société se proposait de s'occuper avant tout des réformes à introduire dans l'enseignement de la géographie dans les écoles du gouvernement, enseignement qui a besoin d'être repris sérieusement à ses débuts et, ensuite, d'établir des prix et des médailles pour les élèves les plus méritants dans cette branche d'études, de publier des cartes scolaires en arabe sur les bases établies par les Congrès de Paris et Venise, de divulguer par des publications en arabe les résultats les plus importants de la science moderne, d'intéresser au moyen de conférences ou de cours spéciaux les diverses classes de la population à la connaissance du continent africain et notamment du pays égyptien et ses dépendances, d'ouvrir des concours et d'établir des prix, etc. Tous ces projets se sont rompus jusqu'ici contre les difficultés de la situation du pays et de la Société, mais ils figureront toujours, jusqu'à leur exécution, sur notre programme.

Nos rapports avec les Sociétés scientifiques du pays et de l'Etranger sont toujours allés en augmentant chaque année. Par le Tableau ci-annexé on voit que nous entretenons des relations suivies et cordiales avec 93 Sociétés, Institutions, Académies, publications périodiques, éditeurs, dont 10 en Allemagne, 18 en

France, 7 en Italie, 6 en Autriche, 6 aux États-Unis, 4 en Suisse, 4 en Belgique, etc.

La Bibliothèque également est en progrès continuel ; le fond primitif a été fourni par S. A. le Khédive Ismaïl, soit 2.500 volumes : parmi eux figurent des ouvrages importants, tels que *l'Exploration scientifique de l'Algérie — l'Histoire naturelle des Iles Canaries — l'Expédition Leferre en Abyssinie — le Voyage à la Côte Orientale de l'Afrique. Atlas et documents — le Voyage de Humboldt et Bonpland — l'Expédition scientifique du Maroc — le Voyage de l'Astrolabe — les Voyages de la Vénus et de la Bonite — la Botanique* de Lamark — *les Poissons* de Cuvier — les œuvres de Lacépède, de Lesson, de Latham, de Lemahout, de Johnston, de Kunth — les Atlas Ornithologiques de Le Vaillant — des Dictionnaires, Cabinets, Encyclopédies d'Histoire Naturelle — l'importante collection d'ouvrages, journaux et brochures rares sur l'Agriculture, de Barillat — les *Voyages Modernes* de Eyries — les *Voyages en Afrique* de Walkoener — plusieurs volumes de *l'Univers Pittoresque* etc.

Dans nos Bulletins nous avons publié, semestre par semestre, les acquisitions les dons et échanges obtenus ensuite ; en tout nous possédons presque 5000 ouvrages, et, dans cette augmentation de notre fonds, figurent, en première ligne le grand ouvrage de Lepsius *Denk-mæler aus Ægypten,* don de S. M. l'Empereur d'Allemagne — la collection des *Report U. S. Coast Survey 1855-1878,* don de S. E. le général Stone — la série presque complète des Bulletins et des *Mémoires* de la Société de Paris — des *Proceeding's* et des *Journal* de la Société de Londres — des *Mitteilungen* de la Société de Vienne, dons de toutes ces Institutions — la collection des *Guides* de Baedeker — de l'*Annuaire Géographique* de Vivien de S. Martin — les publications des Académies de Bruxelles, Amsterdam, Copenhague, Lisbonne, Mexico, Rome — la collection des *Mittheilungen* de Petermann — la collection des textes arabes publiés par l'Université de Leyde — les publications de la Smithsonian Institution, du Musée Guimet, de la Société Asiatique, les *Géographie* de Strabon et d'Edrisi—les ouvrages de Baker, Speke, Livingstone, Schweinfurth, Stanley, le *Dictionnaire de Géographie* de M. Vivien de S. Martin — le *Cosmos* de G. Cora, etc.

Certes, notre bibliothèque n'est pas trop riche en littérature géographique africaine, mais, avec les moyens que le temps mettra à notre disposition, nous espérons la compléter du mieux possible.

Ce dont nous nous occupons pour le moment le plus spécialement c'est de compléter la série des publications égyptiennes et étrangères sur l'Egypte : avec de la patience et de la persévérance nous y arriverons aussi.

Quant aux voyages, la Société n'a pu jusqu'à présent, en organiser aucun pour son compte, soit à cause des conditions de troubles dans lesquelles elle s'est trouvée, soit à cause du manque de ressources : elle a cependant prêté son concours aux voyageurs qui sont passés par l'Egypte en leur fournissant des livres et des cartes, en leur donnant des instruments offerts par la générosité du Khédive, et en obtenant pour eux du Gouvernement toutes les facilités et appuis nécessaires auprès des autorités des pays soudaniens qu'ils devaient traverser.

La Société n'a pas pu encore réaliser son intention d'organiser un Musée d'Ethnographie ; des circonstances qu'il est inutile de rappeler ont fait perdre à l'Egypte des collections précieuses, qui réunies à celles de la Société, auraient constitué la base d'un Musée de premier ordre.

Outre l'avantage de continuelles relations avec le Soudan et de la coopération du Gouvernement, il y a des circonstances qui pouvaient favoriser d'une manière spéciale la formation de ce Musée qui serait devenu l'un des plus importants du monde. Le projet n'est cependant pas abandonné. La Présidence et la Commission Centrale étudient continuellement le moyen de le mettre à exécution et attendent avec patience un moment plus propice pour le faire. En attendant, comme fond du Musée futur, la Société possède divers objets, boucliers et lances des Niams-Niams, des Mombuttus, des Somalis, trompettes en ivoire des Bari, des Madi, armes des Schillouks, des Choukries, objets domestiques de l'Uganda, du Bahr-el-Gazal, du Kordofan et Darfur etc., la collection botanique importante et précieuse du Docteur Pfund, recueillie par lui au Kordofan et au Darfour en 1875-76 et la collection géologique non-moins importante faite par l'Etat-Major Egyptien, sous la direction de l'Ingénieur Mitchell, sur la route de Soakim à El-Facher, dans les déserts de l'Est et le long de la vallée du Nil.

Notre Bureau des Cartes est en voie d'organisation : c'est un travail long, patient, difficile et coûteux celui de recueillir tous les documents cartographiques de l'Afrique ainsi qu'il est dans nos intentions et pour cela nous attendons beaucoup de secours du temps. La collection actuelle présente toutefois un vif intérêt. Nous possédons copie de toutes les cartes dressées par l'Etat-Major Général Egyptien, dont plusieurs sont inédites, telles que par exemple la belle *Carte du Dar-Four* de Purdy-Pacha ; nous possédons la grande *Carte de l'Egypte* de Son Exc. Mahmoud Pacha en quinze feuilles (texte arabe)—la grande Carte de Peterman de *l'Afrique Centrale* —la *Carte du Nil* de Gordon — les Cartes de l'Algérie publiées par le Dépôt de la Guerre en France — la collection des cartes maritimes anglaises de la côte orientale africaine et de la Mer Rouge — la collection des cartes publiées par le *Coast*

Survey des Etats-Unis — les cartes et ouvrages publiés récemment par le Geog. Geol. Survey de Whasington relatives aux études faites à l'Ouest du 100ᵐᵉ méridien— l'*Atlas de la Suisse* de Dufour — les feuilles parues de la *Grande Carte d'Afrique* de Launoy de Bissy — les *Atlas* Sprunner et Berghaus, etc.

La collection des vues comprend une série d'acquarelles peintes par M. le Colonel Lockett en Abyssinie lors de l'expédition de 1875—des photographies prises dans la Mer Rouge et sur le Nil Blanc par Gordon Pacha — et la collection des photographies de Mecque et Medine du Colonel Sadik Bey, collection qui a gagné la médaille d'or à l'Exposition géographique de Venise.

Nous avons encore initié une collection de portraits de voyageurs, qui décore nos salles et constitue un modeste hommage à ces méritants pionniers de la civilisation.

Nous devons enfin parler du concours de l'Egypte au Congrès de Venise. Nous avons dit déjà quel cordial accueil l'Egypte y reçut. Les efforts de la Société qui dut organiser en peu de temps son Exposition, furent dignement récompensés. Nous avons exposé dans les premiers Bulletins de la 2ᵉ Série, ce que l'on fit et les résultats que l'on obtint. Dans le Rapport sur le *Questionnaire*, que j'ai publié dans le N° 3, j'ai signalé quel était le travail que la Société pouvait faire pour sa part en exécution des vœux du Congrès et pour concourir au progrès général de la science. Les évènements douloureux de 1882 et l'épidémie de cette année ont empêché de nous occuper de ces questions, mais elles sont trop importantes, elles tiennent trop à cœur à la Présidence et à la Commission Centrale pour ne pas être bientôt le but spécial de leurs études. Il y a des questions qu'il faut résoudre d'urgence; il en est d'autres auxquelles le temps seul donnera une solution convenable; quoiqu'il en soit, le plan est tracé, et il ne tient qu'à nous de l'exécuter à l'avantage de tous.

De tout ce que je viens d'exposer, il résulte clairement qu'une Société Géographique en Egypte peut y trouver, comme cela d'ailleurs est arrivé, tous les éléments d'une vitalité robuste et productive. En effet, la Société Khédiviale, née sous les plus favorables auspices, s'est trouvée bientôt en lutte avec des difficultés telles qu'elles auraient anéanti n'importe quelle Institution. Nous avons, dans cette partie même de la science, l'exemple de plusieurs sociétés, créées dans d'autres pays, disparaissant peu de temps après leur création : la Société Khédiviale en dépit des crises financières et politiques de la plus haute gravité, malgré une révolution et une épidémie qui ont, à deux reprises, dispersé ses Membres, a tenu ferme et se prépare courageusement à reprendre ses travaux.

Oui, cette Société si courageuse et si forte, mérite la sympathie et l'encouragement de tous ceux auxquels l'honneur et les intérêts de l'Egypte sont chers !

Son programme est clair et bien défini. Que lui faut-il pour le réaliser ? Deux choses. D'abord, la tranquillité du pays. Nous espérons qu'après tant de bouleversements, l'Egypte pourra se reposer de ses secousses, comme elle en a le droit, et que concurremment avec le relèvement économique du pays et le développement de son commerce et de ses industries, les travaux pacifiques de la science auront la possibilité de vivre.

En second lieu, les ressources nécessaires. J'ai dit déjà que même dans les questions scientifiques, l'argent est l'une des principales conditions de réussite. Une Société comme la nôtre a besoin de ressources importantes. Celles dont elle dispose actuellement consistent dans la subvention du Gouvernement, et le produit des cotisations, soit en moyenne L. E. 550 par an. Cette somme suffit à peine aux frais journaliers de personnel, impression, de poste, acquisitions urgentes : il ne reste rien pour augmenter les collections, publier des mémoires, ouvrages ou cartes spéciales, payer des auteurs, organiser

niser des voyages ou venir en aide aux voyageurs. La Société a
dû laisser échapper beaucoup d'occasions excellentes soit pour
avoir le concours de savants éminents, soit pour acquérir des
collections de cartes, livres, dessins, objets ethnographiques,
qui auraient augmenté son patrimoine scientifique, soit pour
envoyer un de ses délégués accompagner des missions scientifiques.

Il est certain que le Gouvernement de Son Altesse, qui a
toujours été animé de la plus grande sympathie envers la Société
fit, dès que les circonstances le lui permirent, tout son possible
pour en améliorer les conditions. Le généreux concours donné à
l'occasion du Congrès de Venise en est une preuve évidente :
mais c'est le public égyptien qui doit, surtout, embrasser la
cause de la Société ; ce sont les nombreux étrangers qui, dans
ce pays, ont trouvé et trouvent toujours une compensation
généreuse à leur travail ; c'est le devoir, à mon sens, de qui-
conque vit en Egypte et par l'Egypte d'offrir son concours à une
institution qui, munie des moyens nécessaires, peut rendre de
grands services à la science et au pays et l'aider ainsi à étendre
son activité à des œuvres utiles et fécondes. La science, aujour-
d'hui, est éminemment pratique. C'est elle qui crée la richesse et
la prospérité des peuples : l'Egypte qui est à la porte d'une
région immense à laquelle est réservé un très-grand avenir dans
l'histoire économique de l'humanité, ne peut que profiter de
études et des travaux d'une Institution dont la tâche est juste-
ment de se rendre compte du caractère, de la valeur et de
l'importance des forces naturelles que cette région nous cache
encore.

Quand les membres de la Société, du chiffre de 150 arriveront à celui de 1000 ; quand les Administrations, la Banque, le
Commerce, les Sociétés privées, les fonctionnaires, les particuliers
fourniront à la Société de Géographie tous ces moyens qu'un

intérêt bien compris saura créer, elle saura rendre à l'Egypte en avantages matériels le bien qu'elle en aura reçu.

Les services rendus depuis cinquante années par la Société de Géographie de Londres, dont le bilan annuel se monte à deux cent cinquante mille francs, plus de la moitié étant fourni par les cotisations, témoignent de l'utilité et de l'importance que peut avoir, pour les intérêts du pays, le développement de la Société Khédiviale de Géographie.

Le Caire, le 1er Novembre 1883.

Dr F. BONOLA,
Secrétaire Général.

TABLEAU GÉNÉRAL

DES

SÉANCES DE LA SOCIÉTÉ

DEPUIS SA FONDATION.

Ire Séance d'inauguration 2 Juillet 1875.

Dr SCHWEINFURTH. — Discours d'ouverture. De l'importance
des études africaines.

IIe Séance du 12 Novembre 1875.

Dr SCHWEINFURTH. — Rapport sur la situation de la Société,
les rapports entamés et les dons reçus.

MARQ. DE COMPIÈGNE. — Compte-Rendu des Travaux du
IIme Congrès Géographique International (Paris).

IIIe Séance du 17 Décembre 1875.

Dr SCHWEINFURTH. — Rapport sur la situation de la Société
et les dons reçus.

DOR-BEY. — Notice nécrologique de Munzinger-Pacha.

STONE-PACHA. — Notice nécrologique sur le Colonel Arendrup.

Dr YUNKER. — Communication sur une récente excursion
dans le désert Lybique.

IVe Séance du 26 Janvier 1876.

F. DE LESSEPS. — Sur l'ancienne Géographie de l'Isthme de
Suez.

STONE-PACHA. — Expéditions et reconnaissances de l'Etat-Major Egyptien dans le Soudan.

MARQ. DE COMPIÈGNE. — Les dernières nouvelles géographiques.

Dr SCHWEINFURTH. — Note sur le Lac Albert et les sources du Nil.

Vᵉ Séance. du 18 Février 1876.

DOR-BEY. — Notes de H. Hagenmacher sur l'Abyssinie.

Dr SCHWEINFURTH. — Les dernières notices sur la région des Lacs équatoriaux et le voyage de M. Caméron.

VIᵉ Séance du 24 Mars 1876.

MARQ. DE COMPIÈGNE. — Rapport sur la situation de la Société et résumé des notices géographiques.

F. BONOLA. — Les voyageurs italiens en Afrique. Première partie.

MARQ. DE COMPIÈGNE. — Les Achantis et leur pays.

VIIᵉ Séance du 21 Avril 1876.

MARQ. DE COMPIÈGNE. — Rapport sur la situation de la Société et les dons reçus.

COL. COLSTON. — Communication sur les tribus bédouines du Soudan Egyptien et du Kordofan en particulier.

MARQ. DE COMPIÈGNE. — Les Pygmées de l'Afrique Centrale.

MARIETTE-PACHA. — Informations sur les nains de l'antique Egypte.

HEUGLIN. — Communication sur les nouveaux territoires annexés à l'Egypte.

CAMÉRON. — (Lue par Stone Pacha) Lettre à Sir Bartle Frères sur les chemins de fer de l'Afrique Centrale.

VIIIe Séance du 26 Mai 1876.

MARQ. DE COMPIÈGNE. — Rapport sur la situation de la Société.

Dr GÜSFELD. — Communication sur son récent voyage dans l'Afrique Occidentale.

F. BONOLA. — Les voyageurs italiens en Afrique. Deuxième partie.

MARQ. DE COMPIÈGNE. — Communication sur l'Abyssinie d'après les récentes publications de M. Raffray.

G. CERRUTI. — Les Arabes dans l'extrême Orient.

IXe Séance du 4 Novembre 1876.

MARQ. DE COMPIÈGNE. — Rapport sur la situation de la Société et les dons reçus.

HUGIN. — Rapport sur l'exercice financier 1875 et 1876.

MARQ. DE COMPIÈGNE. — Résumé des dernières nouvelles géographiques.

C. PIAGGIA. — Communication sur son récent voyage de Magungo au Lac Capeke. (Long).

Xe Séance du 5 Janvier 1877.

MARQ. DE COMPIÈGNE. — Rapport sur la situation de la Société.

DOR-BEY. — Communication sur le Soudan Oriental, d'après des notes de Munzinger Pacha.

COL. MASON. — Communication sur le Dar-Four.

COL. LONG-BEY. — Communication sur son récent voyage dans l'Uganda et à la cour du Roi M'Tesa.

XIe Séance du 2 Février 1877.

MARQ. DE COMPIÈGNE. — Rapport sur la situation de la Société, les dons reçus et les rapports engagés avec de nouvelles Institutions scientifiques.

Dr Rossi-Bey. — La mission de l'Egypte en Afrique.

Col. Moktar-Bey. — Communication sur le pays de Harrar.

F. de Lesseps. — Notice sur les projets de voies de communication dans l'Asie Centrale.

XIIe Séance du 23 Mars 1877.

Stone-Pacha. — Rapport sur les honneurs rendus par la Société à la mémoire de M. le Marquis de Compiègne.

C. Guillemin. — Notice nécrologique sur le feu Marquis de Compiègne.

XIIIe Séance du 11 Mai 1877.

C. Guillemin. — Rapport sur la situation de la Société.

Stone-Pacha. — Le voyage de H. Stanley dans la région des Lacs.

M. de Noidans. — Communication sur l'Association Internationale africaine de Bruxelles.

Col. Moktar-Bey. — Le Pays de Harrar (*suite*).

XIVe Séance du 17 Février 1878.

Stone-Pacha. — Rapport à la Société sur les honneurs rendus à M. Stanley de passage au Caire.

Col. Mason-Bey. — Communication sur le Lac Albert.

F. de Lesseps. — Les buts et les travaux de l'Association Internationale africaine.

XVe Séance du 22 Mars 1878.

Brugsh-Bey. — La langue des Barbarins appliquée aux études Géographiques.

Stone-Pacha. — Les expéditions de S. A. le Khédive dans la Nubie.

L. H. Mitchell. — Les anciennes mines de Hammamat.

XVIe Séance du 14 Février 1878.

ABBATE-BEY. — Résumé des plus récentes nouvelles géographiques.

BRUGSH-BEY. — Sur la géographie des anciens Egyptiens.

COL. GRAVES. — (Lue par Stone-Pacha). Les Somalis Midjertins.

XVIIe Séance du 26 Novembre 1879.

Dr YUNKER. — Ses voyages dans l'Afrique Equatoriale.

XVIIIe Séance du 12 Décembre 1879.

STONE-PACHA. — Communications d'ordre administratif.

XIXe Séance du 2 Janvier 1880.

M. BEY-SADIK. — Un voyage à Médine, il y a vingt ans.

F. BONOLA. — Rapport sur la situation de la Société.

XXe Séance du 30 Janvier 1880.

MOKTAR-BEY, — Communication sur une reconnaissance dans
le pays des Somalis Gadiboursis.

STONE-PACHA. — Notice nécrologique sur le feu D. Reil.
Information sur les honneurs rendus aux Membres de
l'Expédition de la *Véga* de passage au Caire.

XXIe Séance du 26 Mars 1880.

F. BONOLA. — Rapport sur la situation de la Société.
Elections des Membres du Bureau et de la Commission Centrale.

XXIIe Séance. du 9 Avril_1880.

F. BONOLA. — Rapport annuel sur les progrès de la Géographie.

MOH. BEY-SADIK. — Un voyage à Médine, il y a vingt ans.
(*suite*).

STONE-PACHA. — Notes sur la géographie de l'Abyssinie.

XXIIIe Séance du 14 Mai 1880.

Purdy-Pacha. — Le Pays entre Dara et Hofra-en-Nahass.

F. Bonola. — Le passage Nord-Est dans l'histoire et l'expédition Nordenskiœld.

XXIVe Séance du 11 Juin 1880.

V. Zucchinetti. — Communication sur ses voyages dans le Soudan Egyptien et les Provinces Equatoriales.

XXVe Séance du 22 Octobre 1880.

Col. Graves. — Communication sur le Cap Guardafui, et sur l'établissement d'un Phare. (Lue par Stone-Pacha).

XXVIe Séance du 19 Novembre 1880.

Rev. C. Wilson. — Le Pays d'Uganda et le lac Victoria. (Lue par Stone-Pacha.)

Riaz-Pacha. — Notice nécrologique de Dor-Bey.

XXVIIe Séance du 17 Décembre 1880.

Stone-Pacha. — Etudes d'hydrographie nilotique.

F. Bonola. — Résumé des dernières nouvelles géographiques.

XXVIIIe Séance du 28 Janvier 1881.

J. Pietri. — La découverte des sources du Niger, d'après les rapports de MM. Zweifel et Moustier.

W. Abbate. — La cour du Roi Jean, d'après le livre récent de M. Vigoni.

F. Timmermann. — Notice nécrologique de Mariette-Pacha.

XXIXe Séance du 11 Mars 1881.

J. Pietri. — La découverte des sources du Niger, d'après les rapports de MM. Zweifel et Moustier. (*suite*).

F. Bonola. — Les dernières nouvelles géographiques.

XXXe Séance du 8 Avril 1881.

F. BONOLA. — Rapport sur la situation de la Société.

ABBATE-BEY. — Des erreurs souvent répétées à propos de la Géographie médicale de l'Egypte.

MOKTAR-BEY. — Communication sur son récent voyage dans la partie orientale du Soudan Egyptien.

STONE-PACHA. — Notice nécrologique sur M. E. Cortambert.

XXXIe Séance du 20 Mai 1881.

MOH. BEY-SADIK. — Communication sur son récent voyage à la Mecque.

D ROSSI-BEY. — Notice nécrologique de Gessi-Pacha.

XXXIIe Séance du 25 Novembre 1881.

F. BONOLA. — Rapport sur l'Exposition Internationale Géographique de Venise (première partie).

ABBATE-BEY. — Rapport sur les travaux du Congrès International de Géographie de Venise.

XXXIIIe Séance du 16 Décembre 1881.

F. BONOLA. — Monseigneur Comboni et les missions chrétiennes en Afrique.

STONE-PACHA. — Notice nécrologique de S. E. Purdy-Pacha.

XXXIVe Séance du 6 Janvier 1882.

MAHMOUD-BEY-EL-FELAKI. — Communication sur la nécessité d'établir des Stations Météorologiques en Egypte.

MAHMOUD-BEY-EL-FELAKI. — Etude sur la possibilité de prévoir la hauteur à la quelle peut arriver la crue du Nil.

XXXVe Séance du 3 Février 1882.

STONE-PACHA. — Informations sur la présence (supposée) de
couches aurifères dans le Galabat.

H. DEVECCHI. — Notice nécrologique sur Pellegrino Matteucci.

G. FIGARI. — Notice nécrologique sur M. Piaggia.

SCHWEINFURTH. — Notice nécrologique sur M. Piaggia.

XXXVIe Séance du 10 Mars 1882.

F. BONOLA. — Rapport annuel sur la situation de la Société et
sur le mouvement géographique.

ABARGUES DE SOSTEN. — Communication sur son récent voyage
en Abyssinie et dans les Wollo Gallas.

XXXVIIe Séance du 12 Avril 1882.

F. BONOLA. — Rapport sur l'Exposition Internationale de
Géographie de Venise (deuxième partie).

MASON-BEY. — Note sur les Nilomètres et le mesurage des
affluents du Nil.

ROSSI-BEY. — Le voyage de M. le Duc d'Aumont à Gondokoro en 1855.

XXXVIIIe Séance du 3 Novembre 1882.

STONE-PACHA. — Discours d'ouverture pour la VIIIme année
de l'existence de la Société.

*Distribution des récompenses décernées à la Sec-
tion Egyptienne par le IIIme Congrès International
de Géographie.*

J. PIETRI. — La Mission Gallieni au Niger. Notice.

F. BONOLA. — Communication sur les Stations Météorologiques circumpolaires.

XXXIXe Séance du 8 Décembre 1882.

SCHWEINFURTH. — Questions d'hydrographie africaine.

STONE-PACHA. — Les expéditions égyptiennes en Afrique.

T. FIGARI. — La vie et les œuvres de M. le Marquis Antinori.

XLe Séance du 19 Janvier 1883.

ISMAÏL-PACHA-EYOUB. — Prise de possession du fauteuil de
Président de la Société.

LIEUT. WISSMANN. — Voyage à travers l'Afrique de Loanda
à Zanzibar.

D. SCHWEINFURTH. — Notes et observations sur le voyage de
M. Wissmann.

XLIe Séance du 16 Février 1883.

Dr MOSCONAS. — Les Hadendoas et des traces chez eux de la
langue et des mœurs de l'antique Egypte.

MASON-BEY. — Les Chemins de fer du Soudan Egyptien.

XLIIe Séance du 23 Mars 1883.

COL. COLSTON. — La route entre Debbeh et Obeyd (lue par
Abbate Pacha.)

F. BONOLA. — Description du pays entre Zeila et Harrar.

NAHDI-PACHA. — Informations sur l'Harrar.

XLIIIe Séance du 20 Avril 1883.

COPE WHITEHOUSE. — Nouvelles recherches sur l'emplacement
du Lac Mœris.

ABBATE-PACHA. — Sur la géophagie.

XLIVe Séance du 18 Mai 1883.

MOKTAR-BEY. — Questions sur la computation de l'année mu
sulmane.

D. Schweinfurth. — La constitution géologique du Mokattam du Caire.

XLVe Séance du 26 Octobre 1883.

F. Bonola. — Le Kordofan, histoire et description.

Vidal-Bey. — La vie et les œuvres de Linant-Pacha de Bellefonds.

Abbate-Pacha. — Notice nécrologique de S. E. Gaillardot-Bey, Membre de la Commission Centrale.

TABLE DES MATIÈRES

DES BULLETINS DE LA SOCIÉTÉ (*)

COMMUNICATIONS

Première Série.

Bulletin N. 1.

ER. LINANT DE BELLEFONDS. — Itinéraire et notes sur sa mission chez le Roi M'Tesa.

TH. DE HEUGLIN. — Le territoire des Beni-Amer et des Habab.

DOR-BEY. — Notice nécrologique sur S. E. Munzinger-Pacha.

Bulletin N. 2.

H. DUVEYRIER. — Les progrès de la géographie en Algérie.

LONG-BEY. — Notes sur les Nègres qui habitent le pays du Bahr-el-Abiad, jusqu'à l'Equateur et à l'Ouest du Bahr-el-Abiad.

(*) Les Bulletins du N. 1 au N. 5 de la Première Série ont été rédigés par M. le Marquis de Compiègne. Les autres par M. le Dr Frédéric Bonola.

Bulletin N. 3.

Dr Gussfeldt. — Voyage à la côte occidentale d'Afrique.

Col. Colston. — Notes sur les tribus des Bédouins du Soudan et du Kordofan.

W. Jordan. — Le levé topographique à l'aide de la photographie.

Gordon-Pacha. — Lettres sur le cours du Nil dans la région des grands Lacs.

Bulletin N. 4.

Dr H. Nachtigal. — Voyage au Wadaï.

Coman. Moktar Mohamed. — Le pays de Harrar.

Bulletin N. 5.

Mason-Bey. — Exploration de l'Albert-Nyanza.

Bulletin N. 6.

L. H. Mitchell. — Reconnaissance des anciennes mines de Hammamat.

C. J. Graves. — Les Pays des Somalis Midjertins.

Bulletin N. 7.

Moh. Moktar-Bey. — Une reconnaissance au pays des Gadiboursis.

Dr Junker. — Mes voyages dans l'Afrique Équatoriale.

Dr Junker. — Une excursion aux Lacs de Natron.

Bulletin N. 8.

Purdy-Pacha. — Le pays entre Dara et Heufra en Nahass.

Mohamed-Bey Sadik. — Médine il y a vingt ans.

Bulletin N. 9 et 10.

Moh. Bey Sadik. — Médine il y a vingt ans *(suite)*.

Rev. T. C. Wilson. — Uganda et Lac Victoria.

Col. J. GRAVES. — Le Cap Guardafui, et la question d'un Phare.

STONE-PACHA. — Le pays entre la côte et le haut plateau Abyssin.

RIAZ-PACHA. — Eloge funèbre de Dor-Bey.

Bulletin N. 11.

MOH. MOKTAR-BEY. — Dans le Soudan Oriental. Notes de Voyage.

V. ZUCCHINETTI. — Mes voyages au Bahr-el-Gebel, Bahr-el-Gazal et Nouba.

F. TIMMERMANN. — Notice nécrologique de Mariette-Pacha.

Bulletin N. 12.

MOHAM. BEY SADIK. — Voyage à la Mecque.

Deuxième Série.

Bulletin N. 1.

DOCUMENTS relatifs au concours de l'Egypte au Troisième Congrès International de Géographie de Venise.

ABBATE-BEY. — Rapport sur les travaux du Troisième Congrès de Géographie.

Bulletin N. 2.

MAHMOUD-PACHA-EL-FELAKI. — Sur la nécessité d'établir en Egypte des Stations Météorologiques.

MASON-BEY. — Note sur les nilomètres et le mesurage des affluents du Nil.

STONE-PACHA. — Notice nécrologique de S. E. Purdy-Pacha.

F. BONOLA. — Rapport sur l'Exposition Internationale de Géographie à Venise.

Bulletin N. 3.

J. M. SCHUVER. — Notes supplémentaires à la carte des sources du Tounat, Yal et Yabous.

F. BONOLA. — Rapport à S. E. le Général Stone sur les *Questions* traitées au Congrès de Venise.

Bulletin N. 4.

G. SCHWEINFURTH. — Notice nécrologique de M. Piaggia.

Ch. PIAGGIA. — Sur le Nil Sommerset et le Lac Capeke. Notes de voyage.

DR D'ARMONT. — Diaire d'un voyage en 1855 à Gondokoro et au Mont Redjaf.

COL. COLSTON. — La route de Debbeh à El-Obeyd.

Bulletin N. 5

Moh. Moktar Bey — Sur la computation de l'année musul-
mane .

Cope-Whitehouse — Nouvelles recherches sur l'emplacement
du Lac Mœris.

V. Vidal Bey — Notice nécrologique de S. E. Linant Pacha
de Bellefonds.

Com. Prout — Note sur l'établissement de la Carte du Kordofan.

CARTES

—

(Le numéro romain indique le Bulletin).

———————

Carte originale du Pays des Beni-Amer et H'abab indiquant l'expédition Heuglin-Vieweg de 1875.
Echelle 1: 1,000,000. Lith. Karbgeweit, Berlin. — I.

Carte d'une reconnaissance faite par feu Linant de Bellefonds Ernest (Février-Juin 1873) *entre Redjaf et le Lac Ukereue*, dressée d'après les notes et croquis du voyageur, par G. Schweinfurth.
Echelle 1: 1,000,000. — Lith. Penasson, Alexandrie. — I.

Carte démonstrative du levé photogrammétrique. Exemple pris sur la ville de Gassr-Daxel par W. Jordan Membre de l'Expédition Rolphs.
Carlsruhe 1875. — Lith. Geissendorfer. — III.

Carte du cours du Nil entre Foweira-et-M'Roli, dressée à l'Etat-Major Général Egyptien, d'après un croquis de S. E. Gordon-Pacha.
Echelle 1: 320,000. — Caire, Imprimerie de l'Etat-Major. — III.

Carte du cours du Nil entre Dufli et Magungo, par Gordon-Pacha: dressée à l'Etat-Major Général Egyptien 1876.
Caire, Imprimerie de l'Etat-Major. — III.

Le Nil Victoria entre Magungo et Shoa-Moron. par Gordon-Pacha. Copié à l'Etat-Major Général 1876.
Caire, Imprimerie de l'Etat-Major Général. — III.

Le Nil Victoria entre Shoa Moron et Foweira, par Gordon Pacha. Copié à l'Etat-Major Général 1876.
Caire, Imprimerie de l'Etat-Major Général. — III.

Plan de la Ville de Harrar, dressé par le Comm. Moktar et Faouzi-Effendi de l'Etat-Major, attachés à l'expédition de Raouf-Pacha.

Caire, Imprimerie de l'Etat-Major. — IV.

Carte du Lac Albert d'après une reconnaissance du Colonel Mason-Bey. Réduction de M. Barnard.

Caire, Imprimerie de l'Etat-Major. — V.

Carte du Nil entre Dufli et Magungo, d'après une reconnaissance du Colonel Mason-Bey (Juillet 1877). Réduction de M. Barnard.

Caire, Imprimerie de l'Etat-Major. — V.

Carte d'une reconnaissance de Dara à Heufrah-en-Nahass ou Mines de Cuivre, dressée par le Général Purdy-Pacha 1876.

Caire, Imprimerie de l'Etat-Major. — VIII.

Carte du Cap Guardafui et ses environs, par le Comm. Moh. Moktar.

Echelle I : 40.000. — Caire, Lithog. de l'Etat-Major. — IX.

Carte de la route suivie par les pèlerins d'Egypte. (voyage à la Mecque) par Mohamed Sadik-Bey,

Caire, Lithog. du Ministère de la Guerre. — XII.

Carte des sources du Yabous, Yal et Toumat, dédiée à S. E. le Général Stone, par Jean-Marie Schuver.

Echelle 1 : 500,000. — Caire, Lithog. Costagliola. II, 3.

Carte de la province du Kordofan par le Command. Prout. 1876.

Echelle 1 : 800.000 — Caire Lith. Costagliola II3

GRAVURES

Vue Générale de Médine, d'après une photographie de M. Sadik-Bey. Pag. 19. Bulletin N. 8.

La Mosquée du Tombeau du Prophéte à Médine, d'après une photographie de M. Sadik-Bey. Pag. 28. Bulletin N. 8.

Portrait de S. E. le Général Purdy Pacha, photographie de M. Sadik-Bey du Caire. Bulletin N. 2. IIme Serie.

Portrait de M. Piaggia, d'après une photographie de M. Béchard du Caire. Bulletin N. 4. IIme Série.

COMPTE RENDU DES SÉANCES DE LA SOCIÉTÉ
Voir Bulletins I. II. III. V. VI. VII. VIII. XII.

LISTE DES OUVRAGES REÇUS ET DES DONS
Voir Bulletins I. III. V. VI. VII. IX-X. XII.

AUTRES PUBLICATIONS
Notice nécrologique de M. le Marquis de Compiègne par C. Guillemine 1 Broch. Le Caire 1876.
La Société Khédiviale de Géographie. Notice historique par F. Bonola. Le Caire 1883.

LISTE DES SOCIÉTÉS

INSTITUTIONS SCIENTIFIQUES, REVUES ET EDITEURS

AVEC LESQUELS LA SOCIÉTÉ EST EN ÉCHANGE DE PUBLICATIONS

EUROPE.

ALLEMAGNE.

BERLIN. — Gesellschaft für Erdkunde,
BERLIN. — Afrikanische Gesellschaft für Deutchland.
IENA. — Geographische Gesellschaft für Thüringien.
HALLE. — Verein für Erdkunde.
METZ. — Verein für Erdkunde.
METZ. — Académie Impériale des Sciences
FRANCKFURTH. — A. M. Frankfurter Verein für Geographie und Statistik.
HAMBOURG. — Geographische Gesellschaft.
HANNOVER — Naturhistorischen Gesellschaft
GOTHA — Dr A. Petersman's Mittheilungen.

ANGLETERRE.

LONDON. — Royal Geographical Society.
LONDON. — Météorological Society.

AUTRICHE-HONGRIE.

Wien. — K. K, Geographische Gesellschaft.
Buda-Pest. — Société Hongroise de Géographie.
Trieste. — Societa Adriatica di Scienze Naturali.
Wien. — A. Hartlebens, editeur.
Wien. — Oesterreichische Monatsschrift für den Orient (Revue quindicennale).
Hermanstadt. — Siebenburgischen Verein für Naturwissenschaften.

BELGIQUE.

Bruxelles. — Royale Société de Géographie.
Anvers. — Royale Société de Géographie.
Bruxelles. — Académie Royale des Sciences.
Bruxelles. — Moniteur Industriel (Journal hebdomadaire).

DANEMARK.

Copenhague. — Kongelike Danske Widenkabernes Selkab (Royale Académie Danoise de Sciences et Lettres).

ESPAGNE.

Madrid. — Sociedad Geográfica.
Vitoria. — La Esploradora, Associacion Euskara para ia esploracion y civilizacion del Africa Central.

FRANCE.

Paris. — Société de Géographie.
Paris. — Société Académique Indo-Chinoise.
Paris. — Société Asiatique.
Lyon. — Société de Géographie.

MARSEILLE. — Société de Géographie.
ROCHEFORT. — Société de Géographie.
LILLE. — Société de Géographie.
BORDEAUX. — Société de Géographie Commerciale.
ROUEN. — Société Normande de Géographie.
NANCY. — Union Géographique de l'Est.
DOUAI. — Union Géographique du Nord.
LYON. — Musée Guimet. (Annales)
TOULOUSE. — Société Académique Hispano Portugaise.
CAEN. — Académie Nationale des Sciences, Lettres et Arts
St. Etienne — Société d'Agriculture, Sciences et Arts.
PARIS. — Revue Internationale de Géographie. Dir. Drapeyron (Hebdomadaire).
PARIS. — L'Exploration (Hebdomadaire).
LYON. — Revue de l'histoire des Religions (bimensuel).
PARIS. — Revue mensuelle du Bibliophile Militaire.
PARIS. — Leroux, Editeur.
PARIS, — *Americana*, bulletin du bouquiniste, etc.

ITALIE.

ROMA. — Società Geografica Italiana.
NAPOLI. — Società Africana.
ROMA. — R. Academia dei Lincei.
MILANO. — Società per l'Esplorazione Commerciale dell'Africa.
MILANO. — L'Esploratore, Periodico Mensile.
TORINO. — Instituto Geografico, Direct. Guido Cora. Cosmos.
NAPOLI. — L'Esplorazione, Periodico quindicennale.

HOLLANDE.

AMSTERDAM. — Aardrijkskundig Genootschap (Société de Géographie).

AMSTERDAM. — Koninklijke Akademie van Weten schappen (R. Académie des Sciences).

PORTUGAL.

LISBONNE. — Sociedade de Geographia.
LISBONNE. — Academia Real das Sciencias.

ROUMANIE.

BUKAREST. — Societatea Geografica Romăna.

RUSSIE.

S. PÉTERSBOURG. — Société Impériale de Géographie.
MOSCOU. — Société Impériale des naturalistes.

SUÈDE ET NORVÈGE.

STOKOLM. — R. Académie des Sciences.

SUISSE.

GENÈVE. — Société de Géographie. (*Le Globe.*)
Sᵗ GALLEN — Ostschweizerischen Geog. Commerciellen Gesel-
lschaft.
GENÈVE. — Société Suisse de Topographie.
BERNE. — Institut Géographique International.

AFRIQUE

—

EGYPTE. — Institut Egyptien, *Caire*.
Société Egyptienne d'Agriculture, *Caire*.
Ministère de l'Intérieur, publications statistiques.
Laboratoire Khédivial de Chimie, *Caire*.
Moniteur Egyptien — *Bosphore* — *Economista* (Journaux
du Caire) — *Egyptian Gazette* — *Messaggiero* — *Trombetta*
(Journaux d'*Alexandrie*).

ALGERIE. — Société de Géographie d'*Alger*
Société de Géographie de *Constantine*.
Société d'Archéologie de *Constantine* .
Société de Géographie et d'Archéologie d'*Oran*.
Société des Sciences Physiques, Naturelles et Climatologiques
d'*Alger*.

POSSESSIONS PORTUGAISES. — Sociedade de Geographia de
Moçambico.
Sociedade Propagadora de Conhecimento Geografico — Afri-
canos de *S.Paul de Loanda*.

AMÉRIQUE

États Unis. — American Geografical Society. *New-York*
Appalachia Mountain Club. *Boston*.
Smithsonian Institution. *Whasington*.
U. S. A. Geolog. Geog. Survey, Departement of Interior,
Whasinglou.
Missoury Historical Society. St *Louis*.
Science, Revue de *Cambridge Mass*.
American Academy of Art and Sciences. *Boston*.
Harward University *Boston*.

Mexique. — Sociedad de Geographia y Estadistica. *Mexico*.
Ministerio de Fomento. *Mexico*.
Guatemala. — Direction Générale de la statistique.
Brésil. — Observatoire Impérial. *Rio de Janeiro*.
République Argentine. — Instituto Geografico Argeninot
Buenos Aires.
Direction Générale de la statistique *Buenos Aires*.

ASIE

—

Possessions Hollandaises. — Indisch Aardrijskundig Ge-nootschap. *Samarang*.

Batavian Genootschap van Kusten en Wetenschappen. *Batavia*.

Possessions Françaises. — Société d'études Indo-Chinoise. *Saïgon*.

BUREAUX DE LA SOCIÉTÉ

DEPUIS SA FONDATION

Présidents.

Dr GEORGES SCHWEINFURTH, 19 Mai 1875
Général C. P. STONE PACHA, 11 octobre 1879.
ISMAIL PACHA EYOUB, 15 janvier 1883.

Vice-Présidents.

Général STONE PACHA 11 Novembre 1875.
MAHMOUD BEY el FÉLAKI.   «   «
ABBATE Dr O. PACHA, 13 Mars 1879.
MAHMOUD PACHA el FELAKI.   «   «

Secrétaires Généraux.

MARQUIS DE COMPIÈGNE, 11 juillet 1874.
Dr BONOLA FRÉDÉRIC, 28 juillet 1879.

Vice-Secrétaires.

Dr TITO FIGARI, 11 novembre 1875.
Dr BONOLA FRÉDÉRIC   »   »

Délégué à Alexandrie.

Comm. DAUPHIN BEY.

LISTE

DES

MEMBRES HONORAIRES DE LA SOCIÉTÉ

1	Piaggia Charles,	Séance	du 4	novembre	1876
2	Stanley Henri,	«	17	février	1878
3	Dr Yunker	«	26	novembre	1879
4	Burton Richard	«	2	janvier	1880
5	Dr Dutrieux Bey	«	2	janvier	1880
6	A. Mariette Pacha	«	26	mars	1880
7	Purdy Pacha	«	9	avril	1880
8	Mason Bey	«	9	avril	1880
9	Ismail Pacha Eyoub	«	14	mai	1880
10	Rev. C. T. Vilson	«	11	juin	1880
11	Vossion Louis	«	17	décembre	1880
12	Prince Borghese (Jean)	«	17	décembre	1880
13	Dr Bianchi Gustave	«	8	avril	1881
14	Dr Schweinfurth George	«	10	mars	1882
15	Chaillé-long Bey	«	10	mars	1882
16	Stone Pacha	«	19	janvier	1883
17	Wissmann Lieut.	«	19	janvier	1883
18	Emin Bey (Dr Schnitzler)	«	26	octobre	1883

LE CAIRE. — IMPRIMERIE FRANÇAISE MOURÈS ET Cⁱᵉ